힘든 열 살을 위한 마음책

내 마음을 알아주세요
내 마음을 안아주세요

우리학교 어린이 교양
내 마음을 알아주세요, 내 마음을 안아주세요
: 힘든 열 살을 위한 마음책

초판 1쇄 펴낸날 2023년 1월 9일
초판 5쇄 펴낸날 2024년 5월 15일

글 박진영
그림 소복이
펴낸이 홍지연

편집 고영완 전희선 조어진 이수진 김신애
디자인 이정화 박태연 박해연 정든해
마케팅 강점원 최은 신종연 김가영 김동휘
경영지원 정상희 여주현

펴낸곳 ㈜우리학교
출판등록 제313-2009-26호(2009년 1월 5일)
제조국 대한민국
주소 04029 서울시 마포구 동교로12안길 8
전화 02-6012-6094
팩스 02-6012-6092
홈페이지 www.woorischool.co.kr
이메일 woorischool@naver.com

ⓒ박진영, 소복이, 2023
ISBN 979-11-6755-086-6　73180

- 책값은 뒤표지에 적혀 있습니다.
- 잘못된 책은 구입한 곳에서 바꾸어 드립니다.
- KC 마크는 이 제품이 공통안전기준에 적합하였음을 의미합니다.

만든 사람들
편집 전희선
디자인 전나리

힘든 열 살을 위한 마음책

내 마음을 알아주세요
내 마음을 안아주세요

박진영 글 소복이 그림

우리학교

> 목차

들어가며. 힘들어하는 열 살에게

Part 1. 나에게 따듯한 말을 건네자

1 당연히 속상할 만해요

- 바라보기   속상한 마음이 들어요 · 12
- 알아보기   속상한 건 소중한 감정이에요 · 13
- 돌보기   좋아하는 걸 소중히 지켜요 · 13

2 나를 미워하지 말아요

- 바라보기   나는 너무 덜렁거려요 · 16
- 알아보기   어른들도 그래요 · 17
- 돌보기   실수한 거지, 싫어한 게 아니에요 · 18

3 너무 애쓰지 말아요

- 바라보기   모두 다 잘하고 싶어요 · 20
- 알아보기   뇌가 원래 좀 그래요 · 21
- 돌보기   모두 완벽할 수는 없어요 · 22

4 나를 사랑해 주세요

- 바라보기   잘해야 사랑받잖아요 · 24
- 알아보기   잘하지 않아도 괜찮아요 · 25
- 돌보기   나만의 매력을 찾아보세요 · 26

Part 2. 더 단단한 내가 될래

1 단점? 그거 별거 아니에요

- 바라보기 단점이 매력이 될 수 있다고요? · 30
- 알아보기 단점은 아무 상관 없어요 · 31
- 돌보기 단점을 너무 신경 쓰지 말아요 · 32

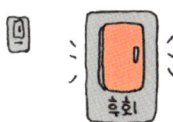

2 장점이 이렇게나 많은걸요!

- 바라보기 단점이 더 커 보여요 · 34
- 알아보기 조각 하나가 나를 결정하지 않아요 · 34
- 돌보기 부족함이 아니라 가진 것에 집중해요 · 35

3 친구는 나를 부러워할걸요?

- 바라보기 다 나보다 잘나 보여요 · 38
- 알아보기 혼자서는 살아갈 수 없어요 · 39
- 돌보기 부족하기 때문에 서로가 필요해요 · 40

4 누구나 실수할 수 있어요

- 바라보기 내 마음 같지 않아요 · 42
- 알아보기 말하지 않으면 몰라요 · 43
- 돌보기 실수를 바로잡는 법을 배워요 · 44

5 실패가 우리를 키워요

- 바라보기 물에 빠질까 봐 무서워요 · 46
- 알아보기 많이 빠질수록 더 많이 배워요 · 47
- 돌보기 매일의 모험이 우리를 성장시켜요 · 48

Part 3. 열 살은 힘들어

1 힘들다고 말해도 돼요

- 바라보기 　잘하고 싶은데 잘 안돼요 · 52
- 알아보기 　어른이 되면 힘들지 않을까요? · 53
- 돌보기 　　힘들다고 생각해도 괜찮아요 · 54

2 노력하는 게 어디예요?

- 바라보기 　공부가 쉽다고요? · 56
- 알아보기 　하고 싶은 걸 참는 건 쉽지 않아요 · 57
- 돌보기 　　노력하는 것 자체로 대단해요 · 58

3 마음에 귀를 기울여요

- 바라보기 　생각이 많고 마음이 복잡해요 · 60
- 알아보기 　생각이 나를 움직여요 · 61
- 돌보기 　　복잡하니까 어려운 게 당연해요 · 62

4 실패해도 응원해 주세요

- 바라보기 　매일매일 고민에 빠져요 · 64
- 알아보기 　항상 이기기만 할 수는 없어요 · 65
- 돌보기 　　실패할 때도 있지요 · 66

Part 4. 마음의 소리를 들어 보자

1 내 마음은 내가 가장 잘 알아요

- 바라보기 　안 좋은 생각이 자꾸 떠올라요 · 70

| 알아보기 | 내 안의 목소리는 모두 나예요 · 71 |
| 돌보기 | 나에게 너그러워지세요 · 71 |

2 때로는 부정적인 감정도 필요해요

바라보기	나쁜 감정을 멈출 수가 없어요 · 74
알아보기	화, 두려움, 무서움이 신호를 보내요 · 75
돌보기	부정적인 감정을 가만히 들여다보세요 · 76

3 참는 게 무조건 좋은 건 아니에요

바라보기	화가 나면 눈물이 나요 · 78
알아보기	울음으로 SOS를 쳐요 · 79
돌보기	울고 싶을 때는 마음껏 우세요 · 80

4 감정을 피하지 마세요

바라보기	걱정이 들면 불안해져요 · 82
알아보기	감정의 원인을 확인해요 · 83
돌보기	감정은 행동하면 괜찮아져요 · 84

5 잠시 멈춰도 좋아요

바라보기	생각하면 생각할수록 커져요 · 86
알아보기	생각을 멈추고 행동해요 · 87
돌보기	비가 그치면 맑아져요 · 87

나가며. 내 마음을 알아주는 방법 세 가지

1 '지금, 여기, 나'에 집중해요 · 92
2 내 친구가 되어 주세요 · 93
3 내 마음을 안아 주세요 · 94

> 들어가며

힘들어하는 열 살에게

여러분의 오늘 하루는 어땠나요? 무슨 일을 겪고 어떤 생각을 했나요? 마음이 쿡쿡 아프거나 몽글하지는 않았나요? 여러분은 한창 자라는 시기를 지내는 만큼 생각도 많아지고 다양한 감정을 느낄 거예요.

열 살이란 '내 마음'에 대해 처음으로 생각해 보고 내가 느끼는 감정을 고민하기 시작하는 나이랍니다. 학교에서 해야 하는 일이 점점 많아지고 친구 관계도 조금씩 복잡해지다 보니 어려운 일도 많을 거예요. 기분 좋은 날도 있지만 그렇지 않은 날도 있을 테고요. 내 마음대로 되지 않는 일도 있지요. 때로는 울고 싶기도 할 거예요. '나는 왜 이거밖에 안 되지?' 하고 자신을 미워하고 탓할 때도 있어요.

이럴 때, 꼭 기억해야 하는 게 있어요. 이런 감정이 생기는 건 아주 자연스러운 일이라는 거예요. 여러분보다 훨씬 경험이 많은 어른들도 다양한 감정 속에서 갈팡질팡할 때가 많은걸요. 그러니까 '나는 왜 이러지? 내가 이상한 걸까?' 하고 걱정하지 않아도 돼요.

중요한 건 내 마음이 움직일 때, 내 마음이 하는 이야기를 귀담아듣는 거예요. 내 머릿속에 떠오르는 생각, 마음속에서 피어오르는 감정을 잘 살펴보세요. 감정은 나에게 정말 중요한 게 무엇인지, 당장 무엇을 해결해야 하는지 알려 주는 '알람'이거든요. 내 마음이 보내는 메시지에 귀를 기울이면 내가 무엇을 진짜로 원하는지, 그래서 어떤 행동을 해야 하는지 알 수 있어요.

이 책은 여러분이 자신의 마음을 더 잘 알고 보듬을 수 있게 도와줘요. 책을 읽으면서 **'바라보기'**를 통해 내 마음을 들여다보고, **'알아보기'**에서 내 마음을 이해해 봐요. 그다음은 **'돌보기'**로 내 마음을 토닥여 줘요. 마지막으로 여러분 또래의 친구들은 무슨 고민을 하고, 어떻게 해결하는지 **'내 마음 상담소'**에서 함께 이야기 나눠 보세요.

이 책을 다 읽고 나면 어느덧 자라는 키만큼 내 마음도 많이 커지는 걸 느낄 거예요. 무엇보다 이 책을 읽을 때만큼은 그 어느 때보다 마음이 따뜻하고 편안해지면 좋겠어요.

여러분을 응원하는 박진영 선생님이

Part 1.
나에게 따듯한 말을 건네자

꼭 이기고 싶었던 시합인데 져서 그만 울어 버렸어요.
매일매일 열심히 연습했는데 내 노력이 빛을 보지 못한 것 같아서 속상해요.
부모님이 아끼던 화분을 깨서 혼났어요. 서러운 마음이 들어요.
친한 친구랑 사소한 일로 다퉜어요. 매일 하굣길에 같이 이야기했는데
오늘은 집에 혼자 왔어요. 정말 멀어진 것 같아요. 울적해요.
하루에도 몇 번씩 속상하고 서운하고 슬픈 마음이 나를 찾아와요.
늘 기분이 좋으면 좋겠는데 그럴 수는 없는 걸까요?

1 당연히 속상할 만해요

바라보기 **속상한 마음이 들어요**

부모님께 크게 혼나거나 친구에게 심한 말을 해서 친구가 다시는 나를 만나지 않을 것 같다는 생각이 들면 마음이 아파요. 항상 칭찬받고 언제나 사이가 좋을 수 없다는 건 알지만 그래도 속상하긴 해요.

'내가 왜 그런 말과 행동을 했을까?' 스스로 이해가 안 되고 후회가 남아요. 부모님을 실망시켜서, 또 친구에게 상처를 줘서 미안한 마음이 들기도 해요. 슬프고 후회하는 마음이 들면 너무 괴로워요. 이런 마음은 왜 생기는 걸까요?

알아보기 **속상한 건 소중한 감정이에요**

　어떨 때 속상한 마음이 드는지 떠올려 봐요. 아마 아끼는 물건을 잃어버렸을 때, 친한 친구와 다퉜을 때, 열심히 연습했는데 막상 대회에서 잘 못했을 때 속상한 마음이 들 거예요.

　만약 하나도 중요하지 않은 물건을 잃어버렸거나, 별로 친하지 않은 친구가 삐쳤거나, 특별히 잘하고 싶은 마음이 없었던 일을 못했다면 별로 속상하지 않을 거예요. 속상하고 슬프고 후회하는 마음은 '소중하게 여겨서 생기는 마음'이거든요.

　우리 마음속에는 내가 신경 써야 하는 일이 생길 때 "잠깐, 지금 중요한 일이 일어나고 있어. 이것 좀 봐 봐." 하고 '삐요삐요' 알람을 울리는 장치가 있어요. 바로 '감정'이라고 하는 건데요, 슬픔과 후회도 그런 감정 중 하나예요.

돌보기 **좋아하는 걸 소중히 지켜요**

　내가 소중한 무언가를 놓치고 있을 때, 슬픔과 후회라는 감정에 스위치가 켜져요. 지금 소중한 걸 잊어버린 건 아닌지 주위를 둘러보라고 알려 줘요.

　만약 감정이 없어져서 하나도 슬프지도 후회하지도 않는다면 마음이 아픈 일은 없을 거예요. 하지만 소중한 걸 지키려고 노력하지도 않겠죠? 우리 집 강아지가 외로울지도 모른다고 생각하면 마음이 아프고, 마음이 아프니까 더 잘 해 줘야겠다고 생각이 드는 것처럼요.
 그러니까 속상한 마음이 들면 이렇게 생각해 보기로 해요. 어느덧 속상함은 사라지고 지금부터 뭘 해야 할지 깨닫게 될 거예요.
 "지금 나한테는 ○○가 정말 소중한가 봐. 나는 ○○를 정말 좋아하고 아끼나 봐. 앞으로 더욱더 소중하게 여겨야지."
 감정은 나에게 소중한 걸 지키기 위해 올바른 행동으로 이끌어 주는 '알람'이라는 걸 잊지 말아요.

🍀 내 마음 상담소 🍀

잘하고 싶었는데 실수하거나 잘 못해서 속상한 적이 있었나요? 그럴 때는 어떻게 받아들이는 게 좋을까요?

2 나를 미워하지 말아요

바라보기 나는 너무 덜렁거려요

때로는 나도 모르게 실수하거나 거짓말하거나 숙제를 깜빡하거나 친구에게 짓궂은 장난을 칠 때가 있어요. 그러면 안 된다는 것을 알면서도 잘못을 저지를 때가 있지요.

대부분은 일부러 그런 게 아니라 덤벙거려서 잘못을 저지른 적이 더 많을 거예요. 또 조심조심 꽃병을 옮기다가 손이 미끄러져서 놓치는 것처럼 조심해도 실수하는 일이 생겨요. 저는 물건을 떨어뜨리고 부수고 고장 내고 잃어버린 적이 많았어요. 달리다가 넘어지고 친구들이랑 놀다가 다친 적도 많았고요. 심부름을 가는 길에 다른 데 정신이 팔려서 완전히 까먹은 적도 많았어요.

> 알아보기 **어른들도 그래요**

　수학 문제를 여러 번 풀었는데도 비슷한 문제를 자꾸 틀린 적 없나요? 열심히 숙제하고 시험공부도 했는데 시험만 보면 언제 공부했냐는 듯 머리가 새하얘질 때는요? 이럴 때면 내가 바보처럼 느껴져요.

　하지만 걱정하지 말아요. 어른들도 그럴 때가 있어요. 안경을 쓰고서 안경이 어디에 있는지 찾는 어른들을 본 적이 있지요? 우리의 기억은 완전하지 않아서 자꾸 깜빡거려요. 그래서 공부한 내용도 완전히 기억하지 못하는 거예요.

돌보기 실수한 거지, 싫어한 게 아니에요

나도 모르는 사이에 친구의 생일을 까먹거나 아무 생각 없이 말해서 친구에게 상처를 준 적이 있나요? 거꾸로, 친구가 한 말과 행동에 내가 상처를 받은 적도 있나요?

예를 들어 학교 끝나고 항상 같이 떡볶이를 먹었던 친구가 오늘은 약속이 있어서 못 먹는다고 했어요. 그런데 그 친구가 다른 친구랑 떡볶이를 먹고 있는 걸 보면 서운할 거예요. 또 친구가 내가 보낸 메시지를 오랫동안 확인하지 않거나, 내가 놀자고 했는데 다른 친구를 만나기로 했다며 거절하면 서운해요.

우리는 뜻하지 않게 친구에게 상처를 주고 서운하게 만들어요. 반대로 친구한테 서운함을 느끼면 나를 싫어하는 건 아닐까 생각하게 되는데, 정말 그럴까요? 내가 싫어서 일부러 그런 게 아닐 거예요. 내가 실수로 그랬던 것처럼 친구도 실수한 걸 수도 있어요. 그저 무심코 한 사소한 말과 행동이 서로를 서운하게 만든 거랍니다.

"상처는 치료할 수 있어요!"

🌿 내 마음 상담소 🌿

친구에게 서운한 적이 있었나요? 그래서 친구가 혹시 나를 싫어하는 건 아닐까 생각했었나요? 어쩌면 내가 친구를 오해한 걸 수도 있어요.

19

Part 1.
나에게 따뜻한 말을 건네자

3 너무 애쓰지 말아요

바라보기 모두 다 잘하고 싶어요

발표도 잘하고, 운동도 잘하고, 실수도 안 하고, 성격도 좋으면 얼마나 좋을까요? 하지만 우리는 물건을 망가트리거나, 부모님과 한 약속을 어기거나, 친구에게 상처를 주는 실수를 해요. 우리 뇌는 모두 다 잘 해내도록 만들어져 있지 않거든요.

그러니까 너무 애쓰지 않아도 돼요. 언제나 모든 일에 너무 신경을 쓰면 우리 뇌는 터져 버릴 거예요. 스마트폰을 할 때에도 한 번에 동영

상을 수십 개 틀어 놓을 수 없는 것처럼요. 만약 그렇게 하면 기계가 멈춰 버리고 말 거예요.

알아보기 **뇌가 원래 좀 그래요**

그래서 뇌는 처음부터 적당히 덤벙대고 까먹고 한눈팔게끔 만들어져 있답니다. 매일 지나가는 길에 동물 병원이 있었는데 우리 집 강아지가 아프기 전까지는 전혀 몰랐던 것처럼요. 우리 뇌가 모든 것을 기억하고 있지는 않아요.

또 너무 모든 것을 다 신경 쓰면 정말 중요한 일은 못 하기도 해요. 집중해서 숙제해야 하는데 티브이 소리, 대화 소리, 스마트폰 메신저에 계속 신경을 쓴다고 생각해 봐요. 숙제하는 데 방해만 될 거예요.

돌보기 모두 완벽할 수는 없어요

만약 뇌가 컴퓨터처럼 완벽하다면 좋을까요? 뇌가 모든 걸 계속 기억하고 있다면 우리는 머리가 아주 복잡할 거예요. 또 몇 년 전에 화났던 일, 슬프고 부끄러웠던 감정까지 전부 기억나서 매일 괴로울 거예요. 그러니까 우리는 행복하게 지내면서 중요한 건 나름 잘 챙겨 주는, 우리에게 딱 좋은 뇌를 가지고 있는 거예요.

나만 그런 게 아니에요. 내 친구들도, 가족도 다들 완벽하지 않을 때가 있어요. 우리는 멋진 모습도 많지만 부족한 부분도 많답니다. 모두 조금씩은 불완전하기 때문에 실수하거나 잘못했을 때 서로 도와주고 보듬어 줘야 해요. 혼자서는 할 수 있는 게 많지 않지만, 내가 못하는 걸 친구가 도와주고 또 친구가 못하는 걸 내가 도와주면 훨씬 많은 일을 할 수 있거든요.

모둠에서 미술 숙제를 할 때도 종이접기를 잘하는 친구, 그림을 잘 그리는 친구, 오리기를 잘하는 친구가 있을 거예요. 이때 서로 못하는 부분을 탓하기보다 "너는 이걸 잘하고 나는 저걸 잘하니까 힘을 합쳐서 멋진 걸 만들어 보자."라고 하면 훨씬 더 좋은 결과를 만들 수 있답니다.

🍀 내 마음 상담소 🍀

책을 읽으면서 티브이도 보고 스마트폰으로 메시지도 보내고 저녁 메뉴도 고민해 보세요. 어느 하나라도 집중이 되나요?

Part 1.
나에게 따듯한
말을 건네자

4 나를 사랑해 주세요

바라보기 잘해야 사랑받잖아요

그런데 완벽하지 않아도 정말 괜찮은 걸까요? 뭐든지 멋지게 잘 해 내야만 사랑받을 수 있는 거 아닐까요?

좋아하는 친구들을 몇 명 떠올려 봐요. 여러분이 그 친구들을 좋아하는 이유는 뭔가요? 그냥 같이 있으면 재미있어서, 마음이 잘 통해서, 나를 좋아해 줘서, 똑같이 떡볶이를 좋아해서, 내 이야기를 잘 들어 줘서 등등 여러 이유가 있을 거예요. 그 친구가 모든 걸 완벽하게 잘해서 좋아하는 게 아니지요?

친구가 가끔 실수하거나 공부를 못한다고 해서 친구를 그만두지는 않잖아요. 함께 있으면 재미있고, 서로 다정한 말을 해 주고, 같이 군것질하며 즐겁게 지내다 보면 친구가 좋아지는 거니까요.

알아보기 잘하지 않아도 괜찮아요

친구를 사귈 때, 구구단을 못 외우니까 마이너스 3점, 달리기가 느리니까 마이너스 2점, 젓가락질을 못하니까 마이너스 1점. 이렇게 점수를 깎으면서 평가하지는 않아요. 나는 친구가 못하는 게 하나도 없고 완벽하기 때문에 좋아하는 게 아니니까요.

친구에게는 부족한 점도 있지만 내가 좋아하는 모습도 많이 있어요. 가끔 친구가 바보 같은 행동을 하거나 말을 못 알아들어도, 시험을 못 보거나, 대회에서 떨어져도 여전히 소중하다고 느낄 거예요.

왜냐하면 친구는 재미있는 이야기로 나를 즐겁게 해 주고, 시험이나 대회를 앞두고 나를 응원해 주고, 똑같이 좋아하는 가수의 팬클럽 활동도 함께하는 소중한 존재기 때문이에요.

돌보기 나만의 매력을 찾아보세요

　이번에는 친구가 나를 좋아하는 이유에 대해 생각해 봐요. 내가 무엇이든 다 잘하기 때문일까요? 내가 친구를 만났을 때처럼 친구도 나와 함께 있으면 즐거워서 좋아하는 걸 거예요. 그러니까 미움받을까 봐 너무 걱정하지 않아도 돼요. 친구는 내가 생각하는 것보다 더 다양한 이유로 나를 좋아하고 있으니까요.

　물론 나의 장점, 공부를 잘하거나 성실하기 때문에 나를 좋아할 수도 있어요. 하지만 내가 생각하지도 못한 나의 모습들, 그러니까 밥을 맛있게 먹어서, 활짝 웃어서, 말을 웃기게 해서, 빨리 뛰어서, 조용히 이야기를 잘 들어 줘서, 호기심이 많아서, 엉뚱한 생각을 많이 해서 나를 좋아할 수도 있지요. 딱히 장점 같아 보이지 않는 모습이 나의 매력 포인트이자 장점일 수 있답니다.

🍀 내 마음 상담소 🍀

친구는 왜 나를 좋아할까요? 주변 친구들에게 한번 물어보세요. 또 나는 왜 그 친구를 좋아하는지도 떠올려 보세요.

우리 집 강아지는 다양한 모습이 있어요.
어떨 때는 말썽꾸러기였다가 어떨 때는 내 말을 잘 따라요.
또 겁이 많아서 작은 소리에 깜짝 놀라 도망치기도 하지만
누군가 나를 괴롭히면 가장 먼저 달려와서 나를 지켜 줘요.
하루 종일 늘어져 있는 게으름뱅이 같다가도
산책 소리에는 자다가도 벌떡 일어나서 신나게 움직여요.
나는 우리 강아지가 정말 좋아요.
말썽꾸러기 모습도 겁쟁이 모습도 다 사랑스럽답니다.
어쩌면 나에게도 이렇게 다양한 모습이 있지 않을까요?

Part 2.
더 단단한
내가 될래

Part 2.
더 단단한
내가 될래

1 단점? 그거 별거 아니에요

바라보기 단점이 매력이 될 수 있다고요?

　나는 입이 큰 게 싫지만 그래서 웃는 얼굴이 더 밝아 보일 수 있어요. 또 조용한 성격이 재미없게 느껴지지만 차분한 성격을 좋아하는 사람한테는 장점으로 보이고요. 때로는 내가 단점이라고 생각하는 모습이 나만의 매력이나 장점이 될 수도 있답니다.

　어쩌면 단점은 나만 문제라고 느끼는 걸 수도 있어요. 키가 조금 작은 친구가 있다고 쳐요. 만약 친구가 "나는 키가 작아서 좀 별로지?"라고 물어보면 뭐라고 대답하나요? "키가 무슨 상관이야? 오히려 귀여워서 좋은데!" 하고 말하지 않을까요?

알아보기 단점은 아무 상관 없어요

사실 키는 나와 친구 사이에서 별로 중요한 정보가 아니거든요. 키가 크면 크고 작으면 작은 것일 뿐, 키가 크다고 해서 함께 있으면 즐거운 것도 아니고, 반대로 키가 작다고 해서 함께 있으면 괴로운 것도 아니에요.

키는 나와 친구가 사이좋게 지내는 데 아무런 상관이 없거든요. 친구를 사귈 때 단점과 장점이 무엇인지 따져 가며 만나지 않잖아요. 내 단점이 오히려 친구에게는 장점으로 느껴지는 것처럼 친구 사이에서 단점은 사실 크게 상관이 없답니다.

돌보기 단점을 너무 신경 쓰지 말아요

내가 나의 단점이라고 생각하는 모습을 한번 떠올려 봐요. 피부가 너무 까매요, 몸무게가 많이 나가요, 성격이 너무 급해요 등등 많을 수도 있어요. 하지만 입장 바꿔서 생각해 봐요. 만약 친구가 자기 얼굴에 점이 많은 걸 너무 싫어한다면 이렇게 말하면 어떨까요?

"그래, 너는 그게 싫을 수도 있겠다. 하지만 나는 네가 점이 많아서 너를 싫어한 적 없어. 너는 훨씬 많은 모습이 있고 점은 그중에 아주 작은 일부일 뿐이야. 나는 네 모습 자체가 좋은 거야. 점이 많다는 건 우리 우정과 아무런 상관이 없어."

내가 단점이라고 생각하는 나의 모습도 마찬가지예요. 단점은 나만 문제라고 생각하지, 살아가는 데 아무런 영향을 주지 않는 별거 아닌 걸 수 있어요. 그러니까 단점에 대해 너무 고민하지 말아요.

우리는 완벽하지 않지만 각자 다양한 매력과 장점이 있고 반드시 누군가는 알아봐 줄 거예요. 그러니 주변 친구들에게 나를 알아 갈 기회를 주세요.

🍀 내 마음 상담소 🍀

단점 때문에 고민한 적이 있나요? 내가 단점이라고 생각했던 모습을 친구는 어떻게 생각하는지 한번 물어보세요.

2 장점이 이렇게나 많은걸요!

바라보기 단점이 더 커 보여요

책 한 페이지가 구겨졌다고 해서 책을 통째로 버리지는 않을 거예요. 꽃 한 송이 시들었다고 해서 화분을 버리지도 않을 거고요. 그런데 왜 우리는 나의 작은 단점 몇 개에도 마치 '나'라는 사람 자체가 잘못된 것처럼 생각하는 걸까요?

혹시 내 마음에 들지 않는 한 부분 때문에 자기가 별로라고 생각하거나 다른 친구를 부러워하지는 않나요? 그런데 몇 가지 모습만으로 나를 판단하기에는 우리는 참 여러 가지 모습을 하고 있어요.

내가 얼마나 다양한 특징이 있는 사람인지 생각해 봐요. 어느 학교에 다니고 몇 살인지 말고도 초콜릿을 좋아하는 나, 춤 추기를 좋아하는 나, 강아지를 좋아하는 나, 동화책을 좋아하는 나, 달리기를 잘하는 나, 친구들의 이야기를 잘 들어 주는 나, 봉사 활동을 자주 하는 나, 호기심이 많은 나 등등 나는 아주 다양한 모습으로 이루어져 있어요. 내 친구들도 마찬가지고요.

알아보기 조각 하나가 나를 결정하지 않아요

퍼즐을 맞출 때 서로 다른 퍼즐 조각이 모여서 크고 멋진 그림을 완성하잖아요. 다양한 내 모습은 '나'라는 사람을 완성하는 하나의 퍼즐 조각일 뿐이지, 내가 진짜로 어떤 사람인지에 대해 알려 주지는 못해요. 그러니까 사실 작은 조각 하나가 좀 마음에 들지 않는다고 해도 별로 신경 쓰지 않아도 돼요. 그런 조각 하나하나보다 나는 훨씬 큰 사람이니까요.

돌보기 부족함이 아니라 가진 것에 집중해요

또 이런 경우도 있어요. 승희는 활달한 성격의 한서가 부러워서 한서를 따라 했어요. 한서는 차분하고 똑 부러진 성격의 도진이가 부러워서 도진이를 따라 했고요. 그리고 도진이는 상냥한 성격의 승희가 부러워서 승희를 따라 하고 있었답니다.

　우리는 모두 다른 모습을 가지고 있는데, 그중에는 나에게는 있지만 다른 친구에게는 없는 모습이 있어요. 반대로 다른 친구에게는 있지만 나에게는 없는 모습도 있고요. 그런데 다들 자신이 가지고 있는 모습보다 가지고 있지 않은 모습에 솔깃해요. 그래서 항상 다른 사람을 부러워하기만 해요. 하지만 누군가는 내가 가지고 있는 모습을 부러워한다는 사실을 꼭 기억하도록 해요.

🍀 내 마음 상담소 🍀

나는 나의 부족한 점만 보기 쉬워요. 내가 생각하는 나는 친구들이 보는 나와 얼마나 다를까요?

Part 2. 더 단단한 내가 될래

3 친구는 나를 부러워할걸요?

바라보기 **다 나보다 잘나 보여요**

가끔 어떤 친구는 나보다 훨씬 잘나 보여요. 하지만 그런 친구도 나름의 부족한 점이 있답니다. 겉으로 보기에는 늘 행복하고 잘 사는 것처럼 보여도 실제로는 그렇지 않을 수 있거든요.

어렸을 때 부모님이 매일 소리치고 싸워서 무섭고 슬펐던 적이 있어요. 힘들었지만 학교에서는 항상 웃고 있었어요. 친구들도 선생님도 "너는 행복해서 좋겠다."라고 말했어요. 하지만 제 속마음은 까맣게 타 들어 가고 있었어요.

그때, 이런 생각을 하게 되었어요. 어떤 사람이 나보다 편하고 행복해 보여서 부럽다는 생각이 들 때, 어쩌면 그 사람도 쉽게 얘기하지 못하는 슬픔을 겪고 있을지도 모른다고요.

알아보기 혼자서는 살아갈 수 없어요

인간이라는 동물로 태어난 이상 우리는 모두 다 혼자서는 절대로 살아갈 수 없는 연약한 존재랍니다. 러시아 문학가 톨스토이의 소설 「사람은 무엇으로 사는가」에 이런 장면이 나와요. 천사가 이제 막 아기를

낳은 엄마를 천국으로 데려가려다가 포기하고 말아요. 아기가 엄마 없이는 하루도 못 산다는 걸 알기 때문이지요.

우리는 혼자서는 아무것도 할 수 없는 어린아이로 태어나요. 누군가의 도움이 없었다면 단 하루도 살 수 없는 연약한 상태로 이 세상에 왔지요. 지금까지 살아 있다는 건 누군가의 도움과 사랑을 받은 덕분이에요. 그러니까 우리가 지구라는 자연 속에서 살아가는 것 자체가 사랑받는다는 증거인 셈이지요.

돌보기 부족하기 때문에 서로가 필요해요

사람은 '사회적 동물'이라는 말을 들어 봤나요? 혼자 살아가기에는 너무도 연약하기 때문에 함께 돕고 의지해야 살아갈 수 있다는 뜻이에요. 그러니까 우리는 서로에게 의지할 수밖에 없어요. 세상에서 가장 잘난 사람이라고 해도 혼자 살아가는 건 어려운 일이에요.

우리 모두가 연약하기 때문에 서로 의지하면서 살아간다고 생각하니, 마음이 좀 놓이지 않나요? 능력이 뛰어난지 아닌지, 예쁜지 못생겼는지, 돈이 많은지 없는지에 상관없이 모든 사람은 나름대로 부족한 부분이 있어요. 그래서 서로 도움을 주고받으며 함께 살아가는 거랍니다.

🍀 내 마음 상담소 🍀

힘들었을 때 누군가의 도움을 받은 적이 있나요? 서로 의지하고 도움을 주고받으면 기분이 어떤가요?

4 누구나 실수할 수 있어요

바라보기 내 마음 같지 않아요

친구가 어떤 마음인지 다 안다고 생각했는데 내 착각이었던 적이 있지 않나요? 반대로 나를 가장 잘 아는 친구가 내 편을 들어 주지 않아서 서운함을 느낀 적도 있을 거예요. 예를 들어 학교 모둠에서 다수결로 결정할 때, 가장 친한 친구가 내 의견에 동의해 주지 않으면, 배신감이 들기도 하고요.

우리는 다른 사람에 대해 모르는 게 많아요. 다른 사람도 나처럼 생각할 거라고 여길 때가 많지만 그건 그냥 우리 생각이에요. 그러니까 주변 사람의 이야기를 잘 들을 필요가 있답니다. 그리고 계속해서 물어봐야 해요. "내가 생각하는 게 맞아? 내가 틀리지는 않았어?", "내가 이렇게 해도 괜찮을까?" 하고요.

알아보기 말하지 않으면 몰라요

내가 뭔가 잘못했다는 생각이 들었을 때를 떠올려 봐요. 물건을 망가트리거나 약속을 어긴 경우에는 내 잘못이 확실하게 보일 거예요. 하지만 사람의 마음처럼 보이지 않는 곳에 상처를 준 것 같은 느낌이 들면 일단 물어봐요.

"내가 이렇게 말했을 때 네 기분이 상했니? 내가 이렇게 행동했을 때 네 기분이 나빴니?" 하고요. 내가 말과 행동을 잘못했다는 생각이 든다면 재빨리 "미안해. 내가 잘못했어. 사과할게.", "내가 어떻게 하면 좋을까?"라고 해 봐요. 모르는 건 괜찮아요. 그럴 수도 있어요. 하지만 물어보지 않고 내 마음대로 생각하거나 느낌으로만 판단하고 우기는 건 별로 좋지 않아요.

거꾸로, 친구에게 바라는 부분이 있다면 "이렇게 해 줬으면 좋겠어."라고 말해 봐요. 우리는 생각을 '말'로 표현할 수 있는 동물이에요. 다른 동물처럼 초음파나 냄새로 상대방의 마음을 알 수 없기 때문에 말하지 않으면 모르거든요.

돌보기 실수를 바로잡는 법을 배워요

　누구나 언제든 실수하고 잘못할 수 있답니다. 그건 그렇게 큰일도, 부끄러운 일도 아니에요. 물론 후회하고 슬프겠지만 실수를 절대 돌이킬 수 없는 경우는 많지 않아요. 오히려 다음부터 어떻게 하면 되는지 배우고 실천하면 돼요.

　이렇게 다양한 경험을 거쳐 이런저런 상황에서 어떻게 하는 게 가장 좋은지 배우는 과정을 '성장'이라고 해요. 좋은 경험이든 나쁜 경험이든 모두 여러분 거예요. 모든 경험이 쌓여서 여러분은 더 큰사람이 된답니다.

🍀 내 마음 상담소 🍀

친구가 기분 나쁠지 모르고 무심코 잘못 행동한 적이 있나요? 그럴 때는 바로 친구에게 물어보고 사과를 건네세요.

Part 2. 더 단단한 내가 될래

5 실패가 우리를 키워요

바라보기 **물에 빠질까 봐 무서워요**

몇 년 전에 카약을 배운 적이 있었는데, 강사는 수영장에서 '물에 잘 빠지는 법'부터 연습시켰어요. 그때는 재미도 없고 시시해서 수업을 흘려들었어요.

그러다가 바다로 실전을 나가게 되었어요. 바다는 따듯하고 잔잔한 수영장과는 완전히 달랐어요. 조금만 멀리 나가도 파도가 넘실거렸고 물은 아주 차가웠어요. 겁이 나기 시작했어요. 노를 두 손으로 꽉 잡고 배가 뒤집히지 않게, 어떻게든 빠지지 않으려고 안간힘을 썼어요. 그러다 보니 얕은 곳을 벗어나 먼바다로 나아갈 수 없었지요.

순간, 마음을 차분히 하고 '배가 뒤집혀도 괜찮아. 물에 빠져도 괜찮

아. 자연스럽게 배의 움직임에 몸을 맡기고 배가 넘어가면 같이 풍덩 빠져 버리자. 겁먹지 말고 천천히 수영해서 올라오면 돼.' 하고 생각을 가다듬었어요.

 천천히 노를 저어서 센 파도가 밀려오는 곳까지 가자, 배가 크게 흔들리더니 뒤집혔어요. 처음 배가 뒤집힐 때에는 너무 무서웠어요. 하지만 조금씩 나아가며 반복하다 보니까 점점 생각보다 할 만하다고 느껴지기 시작했어요.

알아보기 많이 빠질수록 더 많이 배워요

 그때 물에 빠지더라도 물을 거부하지 않고, 담담한 마음으로 빠지면 쉽게 올라올 수 있다는 사실을 배웠어요. 빠지지 않기 위해 온 힘을 다해 아등바등해야 카약을 잘 탈 거라고 생각했는데 완전히 틀린 생각이었어요. 빠지지 않으려고 힘을 많이 쓸수록 두려워지고, 먼바다로 나아가지도 못하고, 실력은 늘지 않았어요. 내 힘으로 어찌할 수 없는 파도를 거스르려고 애쓰는 것은 바보 같은 일이라는 사실을 깨달았어요.

 산다는 건 바다에서 크고 작은 파도를 만나는 일과 비슷해요. 여러분은 앞으로 살아가면서 다양한 변화와 새로운 경험을 마주하게 될 거예요. 그때마다 분명 흔들리고 물에 빠지기도 하겠죠. 바다에서 파도를 만나는 건 어쩔 수 없는 일이에요. 파도를 없앨 수는 없잖아요. 하지만 물에 잘 빠지고 잘 헤어 나오는 법은 얼마든지 내 힘으로 배울 수 있어요. 그러니까 실패해서 넘어져도 충분히 다시 일어날 수 있어요. 오히려 실패를 경험해서 좋은 걸 배웠다고 뿌듯하게 생각하는 거예요.

돌보기 매일의 모험이 우리를 성장시켜요

뭐든지 처음 배울 때는 모험처럼 느껴져요. 모험을 하면서 기쁜 일과 슬픈 일을 다양하게 겪게 될 거예요.

어떤 음식을 좋아한다고 해서 오로지 그 한 가지만 먹으면 어떨까요? 더 맛있는 음식은 절대 알 수 없을 거예요. 새로운 음식을 찾아 먹는 것처럼, 맵고 짜고 달고 쓴 다양한 경험이 여러분을 흥미롭고 재미있는 사람으로 만들어 준답니다.

🍀 내 마음 상담소 🍀

실수하거나 실패할까 봐 두려워서 시작하지 못한 일이 있는지 떠올려 보세요. 두려워하는 나에게 "실수해도 괜찮아!"라고 말해 주세요.

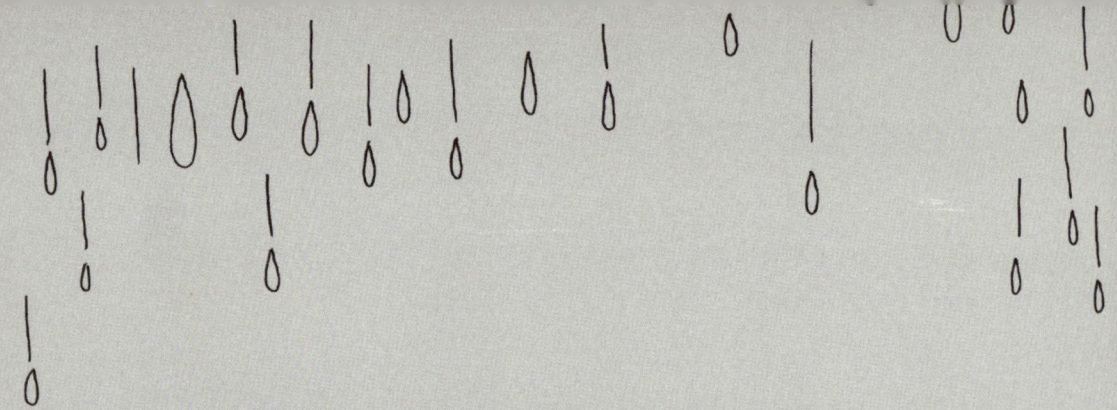

수학 시험을 못 봤어요. 달리기를 못해요.
나는 언니보다 못생긴 것 같아요. 동생보다 키도 작고요.
친구가 삐쳤나 봐요. 갑자기 나하고 말을 하지 않아요.
친해지고 싶은 친구가 있는데 나를 별로 좋아하지 않는 것 같아요.
엄마 아빠한테 혼났어요. 오빠한테 대드는 내가 문제래요.
공부 열심히 해라, 학원에 빠지면 안 된다, 스마트폰 좀 그만해라.
자꾸 잔소리를 해요. 매일매일 할 일이 너무 많아요.
요즘은 정말 놀 시간도 없어요. 자꾸 혼자 있고 싶어져요.
원래 열 살은 이렇게 힘든 건가요?

Part 3.
열 살은 힘들어

Part 3.
열 살은
힘들어

1 힘들다고 말해도 돼요

바라보기 잘하고 싶은데 잘 안돼요

　항상 1등만 하고 싶고, 공부도 달리기도 다 잘하고 싶고, 날씬하고 얼굴도 예뻤으면 좋겠는데 마음대로 안 되지요? 부모님에게 예쁨받고, 친구들에게 인기도 많고, 즐겁게 지내고 싶은데 마음처럼 되지 않을 때가 있어요.

　정말 잘하고 싶었던 일을 망치거나, 칭찬받고 싶었는데 야단맞으면 마음이 콕콕 아파요. 그럴 때면 속상하다는 말이 저절로 나와요. 눈물이 나기도 하고요. 기분이 점점 나빠지고 기운도 빠져요. 항상 좋은 일만 있으면 좋겠는데 왜 그렇게 안 될까요?

　친구들이 부러울 때도 많았을 거예요. 저 친구는 친구들도 많고 공부도 잘하는데 나는 그러지 못하는 거 같아서 속상하잖아요. 부모님도 맨날 잔소리만 하고, 내가 얼마나 힘들어하는지, 아무도 내 마음을 몰라주는 것 같아서 슬픈 적이 있을 거예요.

알아보기 어른이 되면 힘들지 않을까요?

열 살도 힘든 일이 참 많죠? 1, 2학년 때보다 뭐든지 잘해야 하고 성적도 신경 써야 하고, 부모님과 친구들도 잘 챙겨야 하잖아요. 정말 생각해야 할 게 너무 많아요.

어른이 되면 학교에 가지 않아도 되고, 숙제도 없어지고, 좋아하는 친구랑 같은 반이 안 될까 봐 걱정할 필요도 없어요. 잔소리하는 사람도 없어요. 무엇보다 학원도 여기저기 다니지 않아도 되고요. 학습지는 아예 안 해도 돼요. 곱하기랑 나누기를 배우느라 머리 아플 일도 없어요.

그런데 그거 알아요? 어른도 다른 종류의 골치 아픈 일이 있어요. 부모님한테 한번 물어보세요. 지금 가장 힘든 일이 뭐냐고요. 어른들도 잘 안돼서 걱정하는 일이 있을 거예요.

돌보기 힘들다고 생각해도 괜찮아요

 그러니까 부모님이 "다른 애들은 공부도 잘하고 말도 잘 듣는데 너는 왜 그러니?" 하고 이해가 안 된다는 식으로 이야기해도 조금은 못 들은 척해도 돼요. 왜냐하면 부모님도 어렸을 때는 공부하기 싫어했고 실수나 잘못도 많이 했을 테니까요.

 만약에 부모님이 과거로 돌아가서 다시 여러분처럼 열 살이 되어 모든 걸 처음 해 본다면 여러분 못지않게 힘들어할 거예요. 아마 "너는 왜 그런 것도 못하니?"라는 말을 할 수 없게 될걸요?

🍀 내 마음 상담소 🍀

힘들 때는 힘들다고 말해 보세요. 부모님은 나처럼 어렸을 때 힘든 적이 없었는지, 지금은 무엇이 힘든지 물어보세요.

2 노력하는 게 어디예요?

바라보기 공부가 쉽다고요?

부모님이 "너는 왜 그런 것도 못하니?"라며 여러분에게 상처를 줄 때가 있어요. 어른들은 모든 일이 아주 쉬운 것처럼 이야기하지만 결코 그렇지 않아요.

우선 공부를 생각해 볼까요? 공부가 쉬우면 세상에 공부를 못하는 사람이 어디 있겠어요. 글씨를 들여다보려고 가만히 앉아 있는 것 자체가 이미 너무 어려운 일이에요.

여러분만 그런 게 아니에요. 저도 공부를 정말 오래 했는데도 여전히 공부가 너무 힘들어요. 특히 전혀 몰랐던 새로운 걸 처음 배울 때면 머리가 깨질 것 같아요.

| 알아보기 | **하고 싶은 걸 참는 건 쉽지 않아요**

세상에는 공부 말고 쉽고 재미있는 일이 너무 많아요. 공부할 시간에 티브이도 볼 수 있고, 친구랑 놀 수도 있고, 게임도 할 수 있잖아요. 지금 더 즐거운 게 뭔지 뻔히 알면서도 꾹 참는 거잖아요.

부모님한테 혼나기 싫어서, 나는 학생이니까, 지금 열심히 공부하는 게 나중에 도움이 될 거라고 생각하면서 책상 앞에 앉아 있는 것은 굉장히 어려운 일이에요. 우리 집 강아지나 고양이한테 맛있는 간식을 보여 주고 "기다려!"라고 하거나, 앉기 싫은데 억지로 "앉아!" 하고 시키면 강아지랑 고양이도 힘들 거예요.

누구에게나 하고 싶은 일을 꾹 참고 기다리거나 하고 싶지 않은 일을 억지로 하는 건 꽤 피곤하고 또 사실은 대단한 일이에요.

돌보기 노력하는 것 자체로 대단해요

공부도 그렇지만 친구들이랑 잘 지내는 것도 힘들 때가 많아요. 친구들이 나만 빼놓고 자기들끼리 노는 것 같고, 장난을 치다가 서로 상처받기도 해요. 나를 무시하거나 놀리고 짜증 나게 만드는 애들도 있어요. 친구가 갑자기 삐쳤는데 왜 삐친 건지 도무지 알 수 없을 때도 있고요.

이렇게 답답하고 속상할 때면 친구들이 미워요. 그래서 화내고 싸울 때도 있어요. 성격도, 자란 환경도, 좋아하고 싫어하는 것도 서로 다른 친구들이 모여서 함께 지내는 게 쉽지 않은 건 당연해요. 하지만 그래도 친구와 대화하며 이해하려고 노력하는 게 중요해요. 그러다 보면 화해하고 다시 잘 지낼 수 있어요.

🍀 내 마음 상담소 🍀

친구가 나를 오해해서 다툰 적이 있나요? 친구 관계로 고민이 있을 때는 어떻게 하면 좋을까요?

Part 3.
열 살은 힘들어

3 마음에 귀를 기울여요

바라보기 **생각이 많고 마음이 복잡해요**

　내가 원하는 방향으로 나를 휙휙 움직일 수 있으면 좋겠는데 이게 참 어려워요. 우리 안에는 서로 다른 생각이 너무 많거든요. 나는 하나지만 내 안에는 서로 다른 생각들이 있어서 마음처럼 행동하는 게 쉽지 않아요.

　머릿속에 여러 가지 생각이 가득 차 있어서 이랬다가 저랬다가 하고 돈가스를 먹을지 떡볶이를 먹을지 고민해요. 내가 지금 무엇을 하고 싶은 건지 헷갈리기도 해요.

　하겠다고 약속해 놓고 왜 지키지 않는지, 하면 안 되는 줄 알면서도 왜 어기게 되는지, 왜 자꾸만 갈팡질팡하는지 의아했던 적이 있을 거예요. 이게 다 우리가 생각이 많기 때문에 일어나는 자연스러운 현상이랍니다.

알아보기 **생각이 나를 움직여요**

　공부나 청소처럼 하기 싫지만 억지로라도 해야 하는 일이 있지요? 또 친구와 심하게 싸워서 욕을 하거나 부모님과 다투고 화가 나서 소리를 지르고 싶지만 꾹 참을 때도 있을 거예요. 이런 걸 조금 어려운 말로 '자기 통제'라고 해요. 내가 나를 통제한다는 뜻이에요.

　게임할 때 버튼을 눌러서 캐릭터를 이리저리 움직이잖아요. 앞뒤로 가게 하고 점프를 시키고, 이쪽이 아니라 저쪽으로 캐릭터를 조종해요. 이렇게 내 행동을 자기 스스로 조종하는 게 자기 통제예요. 우리 안에는 나를 이리저리 움직여서 행동하게 하는 보이지 않는 운전대가 있거든요.

　자동차를 타고 원하는 방향으로 가기 위해 핸들을 이쪽저쪽으로 움직이는 것과 같아요. 자동차와 다른 점이라면 우리에게는 '생각'이 곧 핸들이라는 점이에요. "하기 싫지만 하자.", "하고 싶지만 하지 말자."라며 자신을 타이르는 생각이 우리를 움직이거나 멈추는 핸들 역할을 해요.

돌보기 복잡하니까 어려운 게 당연해요

　오늘 학원에 가기 전에 무슨 생각을 했는지 떠올려 봐요. '공부하기 싫어! 오늘따라 슬퍼. 울적해. 학원 친구들이 나를 싫어하는 것 같아. 이 펜이 더 예쁜가? 아니야, 저 펜이 더 좋아 보여. 아닌데? 이게 더 좋은가?' 내 안에 서로 다른 사람이 한 열 명은 있는 것 같아요.

　'학원 가기 싫어. 아니야, 그래도 가야지. 한 번만 빠지면 안 될까? 안 돼. 분명 부모님이 알아차릴 거야. 엄청 혼날걸?' 하며 머릿속에서 수많은 생각이 매일 싸움을 일으켜요. 그러니까 이렇게 복잡한 나를 스스로 통제하는 게 어려운 건 당연한 일이에요.

　생각은 모두 내 머리(뇌)가 하는 거예요. 생각이 많으면 뇌가 할 일이 많아지지요. 그러니까 우리는 공부 말고도 머리 쓸 일이 많은 거예요. 그런데 공부하면서 걱정도 하고 고민도 하고 있으니, 여러분은 이미 엄청나게, 어쩌면 너무 많이 머리를 쓰는 거랍니다.

　숙제 하나를 하더라도 빨리하고 놀지, 우선 놀고 나중에 할지, 대충 베껴서 할지, 열심히 할지, 그냥 하지 말고 혼날지 얼마나 많이 고민을 하게 되나요? 그럴 때는 잠시 모든 생각을 내려놓고, 내 마음에 귀를 기울이고 딱 한 가지만 해 봐요.

🌿 **내 마음 상담소** 🌿

내 안에는 수많은 생각이 있어요. 숙제를 하려고 앉았을 때를 떠올려 보세요. 내 마음속 생각들이 뭐라고 말하나요?

4 실패해도 응원해 주세요

바라보기 매일매일 고민에 빠져요

　머릿속에서 서로 다른 생각이 싸움을 일으키면 뭐가 더 좋은 생각인지, 어떻게 해야 옳은지 생각하고 또 생각하게 돼요. 생각이 너무 많아지면 나중에는 내 마음이 무엇을 바라는지 모른 채 고민에만 빠져 버리지요.

　그렇다고 계속 고민만 하고 있을 수는 없잖아요. 저녁을 먹을지 말지, 숙제를 할지 말지, 학원에 갈지 말지, 친구랑은 어떻게 화해하는 게 좋을지 마음을 정해야 하거든요. 매일 사소한 것부터 중요한 일까

지 결정해야 하는 우리는 심판이나 판사 같은 역할을 하고 있는 거예요. 그러니 얼마나 힘들겠어요.

알아보기 항상 이기기만 할 수는 없어요

다르게 말하면 겉으로 보이지 않아도 여러분은 항상 마음속에서 전쟁을 치르고 있는 거예요. 당연히 질 때도 있고 이길 때도 있지요. 좋지 않은 결정을 해서 나쁜 결과를 가져오기도 해요. 학원에 빠져서 엄청나게 혼난 적이 있을 거예요. 물론 결과가 좋을 때도 있어요. 스스로 방을 정리하고 미리 숙제를 마쳐 놨더니, 엄마가 스마트폰 하는 시간을 더 줄 때도 있잖아요?

항상 좋은 결정만 하면 좋겠지만 전쟁을 100번 해서 100번 다 이기기란 쉽지 않아요. 아무리 잘나가는 스포츠 팀도 경기에서 항상 이기기만 하는 건 아니잖아요. 유명한 축구 선수 손흥민도 때로는 지기도 하고요. 여러분이 가끔 실수하고 잘못하는 건 아주 자연스러운 일이에요.

"백전백승? 그게 말이 돼?"

돋보기 실패할 때도 있지요

그러니까 잘못된 결정을 했다고 너무 속상해하지는 않기로 해요. 원숭이도 나무에서 떨어질 때가 있다고 하잖아요. 나무 타기 10년 차 프로 원숭이도 비가 오면 미끄러워서 나무를 못 탈 수도 있고, 지나가던 원숭이가 툭 치는 바람에 발을 헛디딜 수도 있어요. 갑자기 나무 타는 법이 기억이 안 날 수도 있고 그날따라 기분이 울적하고 피곤해서 나무를 못 탈 수도 있어요.

내 탓이든 아니든 여러분도 실수하고 실패할 수 있어요. 그리고 그건 누구나 겪는 당연한 일이에요. 여러분보다 더 많이 배우고 경험을 쌓은 어른들도 나무에서 떨어질 때가 있어요. 나무에서 떨어지는 건 절대 충격적인 일이 아니랍니다. 충분히 있을 법한 자연스러운 일이에요. 그러니 실수했을 때 절대 있을 수 없는 일이라며 괴로워하거나 "나는 정말 바보야. 난 이제 망했어."라면서 스스로를 너무 나무라지는 말아요.

🍀 내 마음 상담소 🍀

누구나 실수하거나 실패할 때가 있어요. 그럴 땐 나를 너무 다그치기보다는 아래처럼 말해 보세요.

비가 오는 날 새를 보면
춥고 불쌍하다는 생각이 들어요.
그런데 한 가지 재미있는 사실은 정작 새는
자기가 얼마나 춥고 힘든지 생각하지 않는다는 거예요.
그런데 우리는 비가 내리면 꼭 불평해요.
불평해 봤자 날씨는 바뀌지 않는데 말이에요.
"날씨 때문에 놀러 가지도 못하고 다 망쳤어."
사실 생각해 보면 날씨는 아무 잘못이 없어요.
문제는 이러쿵저러쿵 계속 떠오르는
내 머릿속의 생각들이에요.

1 내 마음은 내가 가장 잘 알아요

바라보기 안 좋은 생각이 자꾸 떠올라요

시험을 못 보거나 시합에서 졌을 때, 친구와 싸우거나 부모님에게 꾸중을 들었을 때 기분이 나빠지지요? 우리가 새나 다람쥐 같은 동물이라면 안 좋은 일이 생겼을 때, 어떻게 받아들일까요? 딱 그때만 괴로워하고 금세 원래대로 돌아올 수 있을 거예요.

하지만 우리는 좋지 않은 생각을 자꾸 떠올리며 오랫동안 괴로워해요. 그때 어떤 기분이었는지, 왜 그런 일이 일어났는지 계속해서 그 일에 대해 생각하게 돼요.

그럼 이럴 때 내 마음은 어떻게 될까요? 생각하면 생각할수록 기분은 더 안 좋아지고, 마치 내가 모든 걸 잘못한 것처럼 느껴지기도 해요. 그러다 보면 화가 나면서도 슬퍼지고, 나 자신이 초라해 보이거나 싫어질 때도 있어요.

알아보기   내 안의 목소리는 모두 나예요

잘하고 싶었는데 못해서 속상하고, 친구들은 다 나보다 예쁘고 잘생기고 똑똑하고 운동도 잘해서 질투 나고, 그래서 생각할수록 속상했던 적이 있나요? 내가 잘 못하면 친구들이 싫어하고, 엄마 아빠는 실망하실 것 같고, 모든 일이 마음대로 안 돼서 그만두고 싶었던 적은요?

이런 생각이 들 때 기분이 어땠나요? 누군가 달려와서 무섭게 "너 어떡하려고 그래!" 하고 나를 꾸짖는 것처럼 느껴졌나요? 그런데 사실 이건 다른 누가 아닌 내 목소리랍니다.

내 안에는 내게 다정한 말을 하는 나도 있지만 그렇지 않은 나도 있거든요. 친구에게도 친할 때는 좋게 말하지만 다퉜을 때는 나쁘게 말하잖아요. '나'에 대해서도 마찬가지예요. 우리는 내가 좋을 때는 나에게 따뜻한 말을 하고 내가 뭔가를 잘못하면 차가운 말을 하곤 해요. 나는 하나지만 내 안에는 다양한 목소리가 있어요.

돌보기   나에게 너그러워지세요

내가 나한테 '너 이제 큰일 났다!'라면서 겁을 주고, '그렇게 하면 어떡해 이 바보야!' 하고 윽박지르고, '이제 친구들이 다 너를 미워할 거야.'라며 부정적인 말을 할 때가 있을 거예요. 왜 우리는 나 자신에게 나쁜 말을 하는 걸까요? 그동안 내가 나를 너무 심하게 대하지는 않았

는지 돌아보세요.

만약 친한 친구가 힘들어한다면 위로해 주고 싶을 거예요. 힘들 때는 누구나 도움과 응원이 필요하다는 걸 알기 때문이에요.

"친구야, 네가 힘들어하니까 내 마음도 아파. 너는 충분히 열심히 했어. 누구나 실수할 수 있는걸. 네 잘못이 아니야. 다음에 더 열심히 하면 돼. 내가 도와줄게."

친구에게 하는 것처럼, 내게도 사랑과 관심을 듬뿍 담아 따뜻한 응원을 전해 보면 어떨까요?

'괜찮아. 다음에 더 잘하면 돼. 잘못했다면 사과하면 돼. 친구들은 나를 미워하지 않아.'

🍀 내 마음 상담소 🍀

숙제를 안 해서 혼난 적이 있나요? 그때 무슨 생각이 들었나요?
나 자신에게 심한 말을 했다면, 다정한 말로 바꿔 보세요.

Part 4.
마음의 소리를
들어 보자

2 때로는 부정적인 감정도 필요해요

바라보기 나쁜 감정을 멈출 수가 없어요

  슬픔 같은 감정은 나쁜 걸까요? 속상함이 소중한 감정이듯 슬픔이 있기 때문에 소중한 걸 지킬 수 있어요. 슬픔뿐만이 아니에요. 거의 모든 부정적인 감정은 우리가 행복하게 살아가는 데 꼭 필요해요. 감정은 삶에서 중요한 역할을 하고, 다양한 감정을 느끼는 건 자연스러운 일이에요.

  하지만 우리는 슬픔, 화, 두려움, 무서움 같은 부정적인 감정이 느껴지면 일단 싫어해요. 비가 오는 게 싫을 수는 있지만 나쁜 건 아니잖아요. 내리는 비를 막을 수도 없고요. 슬프거나 화가 나는 감정도 나쁜 건 아니에요. 해와 달이 뜨고 지고, 비와 눈이 내리는 자연 현상처럼 자연스러운 일이에요.

그러니까 지금 내 마음에 어떤 감정이 일어나는지 가만히 바라보면 된답니다. 비가 내리고 해가 떠야 나무들이 쑥쑥 자라고 하늘이 맑게 개는 것처럼, 내 마음도 여러 감정을 거치면서 더 커지고 건강해지는 거예요.

알아보기 화, 두려움, 무서움이 신호를 보내요

'화'라는 감정은 무언가 나를 해치고 있다는 신호를 줘요. 누군가 나에게 험한 말을 하거나 나를 밀치며 위협할 때 화를 느끼지요. 부당하고 억울한 일을 당해도 화가 나곤 해요. 그러니까 화는 내 행복과 안전에 해를 끼치니 그 나쁜 대상을 물리치라는 신호예요.

그래서 화가 나면 평소보다 용감해지고 나를 화나게 하는 말과 행동을 하지 말라고 요구하게 되지요. 만약 '화'라는 감정을 느끼지 않는다면 어떻게 될까요? 나쁜 사람이 나를 공격하거나 누군가 잘못된 행동을 해도 가만히 있을 거예요.

반대로 두려움과 무서움은 나에게 해를 끼치는 대상을 물리칠 수 없을 때 드는 감정이에요. 그래서 불이 났을 때, 힘이 센 사람이 괴롭힐 때 두려움을 느끼고 도망쳐야겠다는 생각을 하게 되지요. 만약 두려움을 느끼지 못해서 도망치지 않는다면 어떻게 될까요? 고양이가 하나도 무섭지 않은 쥐처럼 가만히 있다가 크게 당하고 말 거예요.

돌보기 부정적인 감정을 가만히 들여다보세요

화, 두려움, 무서움이라는 감정은 불편하게 느껴지지만 꼭 필요한 감정이랍니다. 만약 배고픔을 모르거나 느끼지 못한다면 계속 굶다가 결국 죽고 말 거예요. 배고픔이라는 느낌은 괴롭지만, 괴롭기 때문에 열심히 음식을 찾아 먹고 배고픔을 해결할 수 있는 거랍니다.

그러니까 슬픔, 화, 두려움, 무서움 같은 부정적인 감정이 생겨도 이걸 너무 미워할 필요는 없답니다. 부정적인 감정은 내게 소중한 걸 지켜 주기 위해서, 또 위험으로부터 나를 보호하기 위해서 존재하는 멋진 보디가드니까요.

🍀 내 마음 상담소 🍀

최근에 친구나 가족에게 화가 난 적이 있나요? 이럴 때는 무작정 화내기보다 내가 왜 화가 났는지 차분히 말해 보세요.

Part 4.
마음의 소리를
들어 보자

3 참는 게 무조건 좋은 건 아니에요

바라보기 **화가 나면 눈물이 나요**

　슬프고 힘든 마음이 쌓이다 보면 때로는 엉엉 울게 돼요. 울면 부끄럽고 내가 못난 것 같은 기분이 들지요. 그런데 우리는 왜 우는 걸까요? 다른 감정처럼 울음에도 의미가 있을까요?

　감정은 얼굴 표정이나 몸짓과 함께 나타나요. 기쁠 때는 웃는 얼굴을 하고 화가 날 때는 인상을 찌푸린 표정을 하지요. 씩씩거리며 숨이 거칠어지고 눈물이 나기도 하고요. 이렇게 감정은 겉으로 드러나기 때문에 다른 사람의 눈에 띄곤 해요.

그래서 우리가 이런저런 감정을 느낄 때 다른 사람도 내 기분이 어떤지, 내가 지금 기쁜지, 슬픈지, 화가 났는지 어느 정도는 알 수 있지요. 그러니까 눈물은 상태를 알리는 '알람' 같은 역할을 하는 거예요.

알아보기 울음으로 SOS를 쳐요

울음은 우리 마음이 얼마나 슬프고 힘든지 알리고, 그래서 도움이 필요하다는 메시지를 전달하는 역할을 톡톡히 한답니다. 예를 들어 아기는 배고프거나 졸리거나 기저귀가 축축할 때 '응애' 하고 울어요. 울음이라는 알람으로 먹을 게 필요하다고, 상태가 불편하다고 알리는 거지요.

누군가 울면 우리는 하던 일을 멈추고, 심지어 자다가도 벌떡 일어나서 울음 소리가 나는 쪽으로 귀를 기울이게 돼요. 우는 이유를 찾고 우는 사람을 달래는 행동

을 하지요.

그러니까 울음은 도움을 요청하는 구조 신호이자, 만능열쇠인 셈이에요. 누군가 눈물을 보이면 잘 모르는 사람이라도 도와주고 싶은 마음이 들잖아요. 또 눈물은 반짝이기 때문에 멀리서도 잘 보이는 편이에요. 그래서 우리가 눈물을 흘리면 주변 사람들이 금방 알아차리고 우리를 도와주려고 다가온답니다.

돌보기 울고 싶을 때는 마음껏 우세요

친구나 엄마에게 마음을 털어놓다가 펑펑 운 적 있나요? 혹시 혼자 울 때보다 마음이 더 편안해지지는 않았나요? 왜 그럴까요? 옆에서 내 이야기를 들어 주고 달래 주고 토닥여 주는 사람이 있기 때문이라고 해요.

울음은 주변에서 도움을 주고받으며 사람들과 친밀한 관계를 쌓게 만드는 특별한 장치인 셈이에요. 내가 울 때 누군가 내 곁에 있어 주기를 바라듯, 나 역시 누군가가 울 때 그 사람에게 따뜻한 위로를 전할 수 있다면 좋을 거예요.

그런데 간혹 남자는 울면 안 된다고, 여자는 별거 아닌 일로 운다고, 울면 다 해결되느냐고 생각하는 경우가 있어요. 그럴 땐 이렇게 받아들이면 어떨까요?

"울음은 마음이 많이 힘드니까 따뜻하게 위로해 달라는 표현이야. 도움이 필요하다고 신호를 보내는 거야."

🍀 내 마음 상담소 🍀

내가 슬프거나 힘든 일을 겪어서 울고 있을 때, 어떻게 말하는 친구가 좋은가요?

4 감정을 피하지 마세요

바라보기 걱정이 들면 불안해져요

부정적인 감정은 우리에게 여러 가지 중요한 정보를 알려 주고 위험으로부터 지켜 주는 보디가드라고 했잖아요. 그럼 이러한 감정이 너무 심해질 때는 어떻게 하면 좋을까요?

한번은 너무 걱정이 돼서 잠을 못 잔 적이 있었어요. 밤중에 거실에서 쿠당탕하는 소리가 들려서 '혹시 도둑인가, 아니면 귀신인가?' 하는 두려운 마음에 무서웠지요. 도저히 잠을 잘 수가 없어서 용기를 내 조심히 방문을 열고 나가서 무슨 소리인지 확인했어요. 그런데 알고 보니 우리 집 고양이가 물건을 떨어트려서 난 소리였어요. 그제야 '휴, 뭐야! 아무것도 아니었잖아.' 하고 안심이 되었답니다.

알아보기 **감정의 원인을 확인해요**

부정적인 감정은 위험한 일이 일어나고 있을지도 모른다는 신호를 전해 주는 알람 같은 거잖아요. 그래서 사실을 확인하고 행동하면 사그라져요.

한밤중에 이상한 소리를 듣고 위험한 일이 생겼을지도 모른다는 생각에 두려움이라는 감정이 들어요. 하지만 실제로 확인하고 별일이 아니라는 걸 알게 되면 두려움이 사라지지요. 만약 정말 위험한 일이 벌어지고 있다면 부모님께 알리고 함께 문제를 해결하면 되겠지요?

돌보기 **감정은 행동하면 괜찮아져요**

　다가오는 시험이 걱정되는 상황이라면 미리 시험공부를 하면 돼요. 친구와 사이가 멀어지는 것 같아서 속상하다면 이야기하면 되고요. 부모님이 나를 몰라주는 것 같아서 서운하다면 역시 대화해 보면 된답니다. 감정은 우리가 필요한 '행동'을 하게 만들기 위해 존재한다는 사실을 꼭 기억해요.

🍀 내 마음 상담소 🍀

사람들 앞에서 발표하거나 말하는 건 누구나 두려운 일이랍니다.
어떻게 하면 긴장된 마음을 가라앉힐 수 있을까요?

Part 4.
마음의 소리를
들어 보자

5 잠시 멈춰도 좋아요

바라보기 생각하면 생각할수록 커져요

　만약 시험 때문에 걱정되기 시작하면 '시험을 못 볼까 봐 너무 불안해. 저번보다 못 보면 어떡하지? 이번에는 더 어려울 것 같은데. 공부해 봤자 잘 안될 거야.' 같은 생각이 들어요. 생각은 이렇게 아직 일어나지도 않은 일을 사실과 다르게 거짓으로 꾸며 내곤 해요. 감정을 실제보다 부풀려서 크게 느껴지게 만들지요.

　친구에게 서운할 때도, 자꾸 그 생각만 하다 보면 '어떻게 나한테 그럴 수가 있어? 분명히 나를 싫어해서 일부러 그런 거야. 정말 속상해. 너무 화가 나!' 하고 근거도 없이 화를 잔뜩 키우곤 하지요.

　감정은 지금 나에게 필요한 행동을 하게 만들기 위해서 일어나는 거예요. 그러니까 감정에 휩싸여 혼자 생각하지 말고 적절한 행동을 하면 돼요. 생각만 하면 머릿속에서 자꾸

쓸데없는 말을 해서 내가 행동하지 못하게 한답니다.

알아보기 생각을 멈추고 행동해요

화가 났을 때는 친구의 좋은 점은 하나도 보이지 않고 나쁜 점만 많이 보여요. 그래서 생각할수록 화가 더 많이 나고 오해만 더 커진답니다.

감정은 문제를 해결하기 위한 '행동'으로 이어져야 한다고 했잖아요. 그러니까 화가 커질 때는 생각을 멈추고 내가 느끼는 감정이 무엇을 알려 주는지, 그래서 어떻게 행동하면 좋을지 살펴봐요.

예를 들어 근거도 없이 친구가 나를 일부러 멀리한다는 생각에 서운함이 들고 화가 난다면, 생각하는 걸 멈추면 돼요. 그래도 해결 방법이 떠오르지 않는다면 다른 친구나 부모님, 선생님 등 믿을 수 있는 어른과 상담해 보는 것도 좋은 방법이랍니다.

돌보기 비가 그치면 맑아져요

감정은 생각하면 생각할수록 부푸는 성질이 있어요. 슬프고 불안하고 화가 나는 상황을 떠올릴수록 점점 더 슬프고 불안하고 화가 나게 돼요. 그러니까 내 안에서 감정이 너무 커지는 게 느껴진다면 "잠깐!"을 외쳐야 해요. 그리고 '이게 이렇게까지 슬퍼하고, 불안해하고, 화낼

일인가?' 하고 스스로 물어보는 게 도움이 돼요.

친구랑 다퉜을 때 '내가 친구를 오해한 걸 수도 있으니까 친구랑 이야기해 보자. 서운한 건 내가 친구와의 관계를 소중하게 여기기 때문이야.' 하고 상황을 조금 다르게 바라보는 것만으로도 화가 줄어드는 효과가 있답니다.

또는 감정을 '비'라고 생각해 보는 것도 좋아요. 지금 내 마음에 '슬픔, 불안, 화'라는 비가 내리고 있지만 비가 그치면 마음이 다시 반짝거릴 거라고 상상해 보는 거예요. 태풍이 지나면 맑아지듯 감정 또한 언젠가는 지나가기 마련이랍니다.

🌿 내 마음 상담소 🌿

친구와 멀어진 것 같은 기분이 든 적 있나요? 혼자서 생각만 하며 불안한 감정을 부풀리지 말고 행동해 보세요.

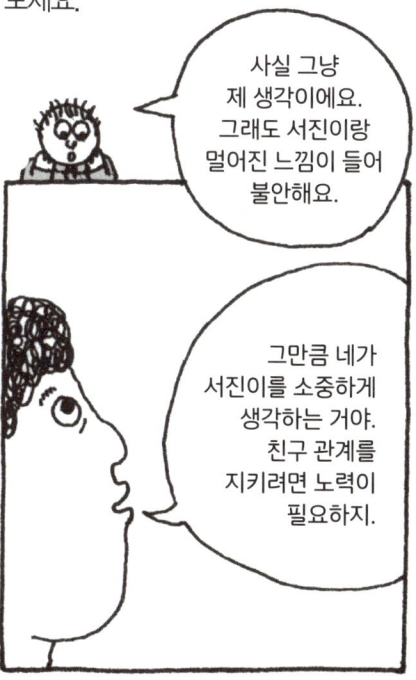

지금 나는 어떤 상태인지, 왜 이렇게 느끼는지, 무엇이 필요한지,
그래서 어떻게 하는 게 좋은지 잘 살펴보세요.
나에게 관심을 가지고 자기 스스로 지켜보는 거예요.
나만큼 내 마음을 알아주는 사람은 없답니다.
내 마음에 귀를 기울이세요.
나를 잘 알아야, 나를 사랑할 수 있어요.

나가며

내 마음을
알아주는
방법
세 가지

내 마음을 알아주는 방법 세 가지

1 '지금, 여기, 나'에 집중해요

속상한 마음이 너무 크면 머릿속에 나쁜 목소리가 가득 차기도 해요. 이럴 때면 눈을 감고 '지금, 여기, 나'에 집중해 봐요. 내 머릿속 나쁜 목소리에 귀를 기울이지 말고 내 숨소리, 손이나 발에서 느껴지는 감촉에 주의를 집중해 봐요. 손을 들어 내 머리나 가슴을 토닥여 보거나 강아지, 인형같이 부드럽고 따뜻한 걸 만져 보는 것도 좋아요.

조금만 그러고 있으면 머릿속 생각이 진짜가 아니라는 걸 알게 될 거예요. 걱정은 과장된 이야기일 뿐, 지금 나에게는 아무 일도 일어나지 않고 안전하다는 사실을 잊지 마세요. 어느덧 불안과 걱정이 사르르 녹아내리는 걸 느낄 수 있을 거예요.

2 내 친구가 되어 주세요

　힘든 마음이 들수록 내가 나의 가장 좋은 친구가 되어야 한다는 사실을 잊지 않기로 해요. 항상 나쁜 말만 하는 친구가 있다고 생각해 봐요. 나를 혼내기만 하고 어차피 너는 해도 안 될 거라고, 별일 아닌데도 큰일이라며 옆에서 호들갑을 떠는 친구가 있다면 가뜩이나 힘든데 더 힘들어지기만 할 거예요.

　내가 정말 힘들 때 가장 필요한 친구는 어떤 친구인지 생각해 봐요. 나를 따듯하게 위로해 주고, 나만 실수하는 게 아니라고, 실수하는 건 자연스러운 일이라고 이야기해 주는 사람이 아닐까요? 내 생김새와 행동 하나하나에 점수를 매기고 마치 심사 위원처럼 좋거나 나쁘다고 평가하는 사람은 아닐 거예요.

내 마음을 알아주는 방법 세 가지

3 내 마음을 안아 주세요

　머릿속에서 나쁜 목소리가 들려올 때면 앞에서 연습한 것처럼 눈을 감고 나에게 따듯한 말을 해 주세요. '괜찮아. 충분히 잘하고 있어. 원래 힘든 일이기 때문에 실수하는 건 자연스러운 일이야. 다음에 실수하지 않으면 돼. 그래도 속상하지? 속상해해도 돼. 눈물이 나오면 울어도 돼. 실컷 울고 나서 맛있는 거 먹으러 가자.'라고요. 가장 좋아하는 친구가 힘들어할 때 내가 해 주고 싶은 따듯하고 친절한 말을 나에게도 해 주는 거예요. 우리 안에 차가운 말이 가득 찰 때는 따듯한 목소리가 꼭 필요하거든요. 그래야 힘을 내고 다시 일어설 수 있기 때문이지요.

　편안한 자세로 앉아서 눈을 감고 천천히 심호흡하는 것도 좋아요. 숨을 들이쉬고 내쉬기를 여러 번 반복하다 보면 한결 마음이 편안해지는 걸 느낄 수 있을 거예요. 밖에 나가서 산책을 하거나 나무나 꽃을 들여다보고, 가볍게 운동하고, 따듯한 물로 목욕하는 것도 스트레스 해소에 도움이 돼요. 재미있는 놀이를 하거나 좋아하는 티브이 프로그램을 보면서 크게 웃는 것도 좋아요. 웃음에는 마음과 몸을 진정시키고 힘을 북돋아 주는 효과가 있거든요.

　그래도 고민이 잔뜩 쌓여 있다면 친구나 부모님, 선생님에게 상담을 요청하는 것도 좋아요. 마음을 나누며 이야기를 털어놓고 위로받는 것만으로도 문제를 해결할 힘을 얻곤 하거든요. 혼자서는 큰 문제라고 생각했던 일이 막상 얘기하고 나면 별일 아닌 것처럼 느껴지기도 하고요. 부모님에게 "요즘 마음이 많이 지쳐 있어요. 좀 쉬고 싶어요." 같은 이야기를 하는 것도 중요해요. 말하지 않으면 아무리 부모님이라고 해도 내 마음을 전부 다 알 수는 없으니까요.

무엇이든 좋아요. 힘들 때는 내가 느끼는 대로 하는 거예요. 어떻게 하면 마음이 편안해지는지 해 봐야 알 수 있거든요. 언제나 내 마음을 가장 먼저 챙기세요. 나를 잘 돌봐 주는 사람은 바로 나랍니다.